Pour Toi pour moi

Numéro du livre dans la collection : 35

Textes de Bernard Brunstein

© Bernard Brunstein pour les illustrations - http://peinturedebernard.over-blog.com/

ISBN : 9782322100750

Le vent

Poèmes de B Brunstein

Illustrations B Brunstein

FSC
www.fsc.org
MIXTE
Papier issu
de sources
responsables
Paper from
responsible sources
FSC® C105338

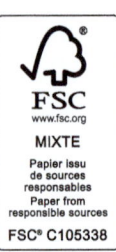

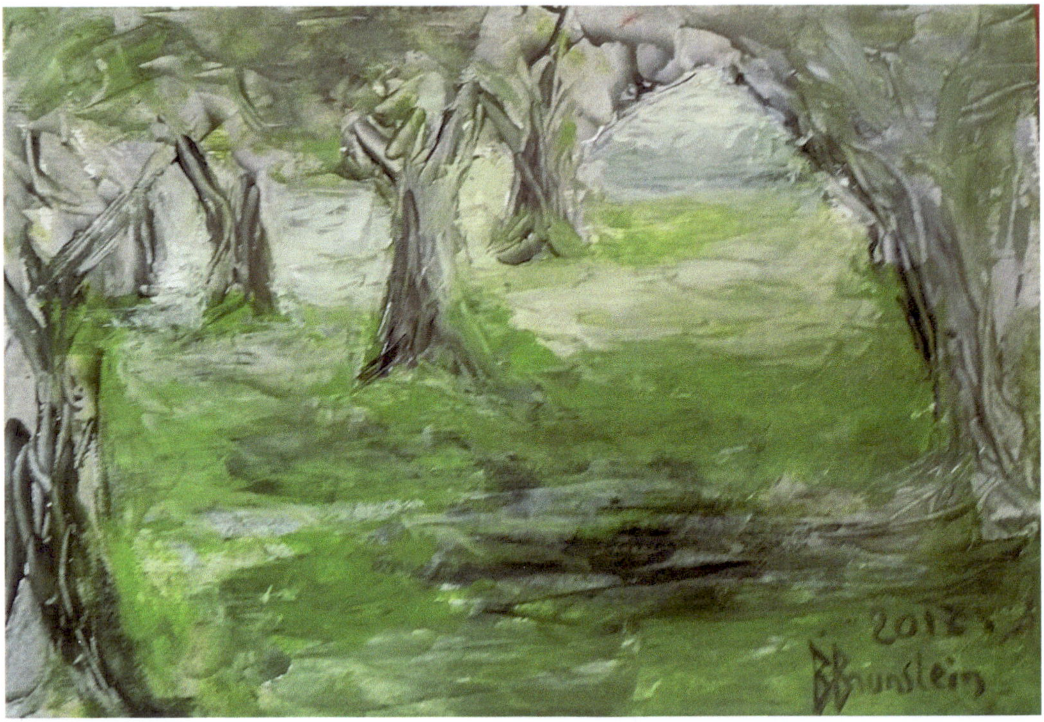

Écoute le vent

Qui souffle dans mes branches
Je ne suis qu'un olivier
 Enraciné dans ma terre de Provence
Bientôt j'aurais des fruits
Luisants qui s'appelleront olive
Qui seront écrasé au moulin
Et qui nous donneront de l'huile
De couleur jaune et fruitée
Au goût d'amende écrasée
Je suis un symbole de paix
Apporté dans son bec par la colombe
À un certain monsieur Noé
Qui vainquit les fureurs de l'onde
Tous les ans on me fait la cueillette
Qui ressemble à une toilette
On me taille les branches
Pour me donner la force et me rajeunir

État âme

S'il arrive que dans ta vie
Des nuages s'amoncellent
Et transforment le Bleu en Gris
Cherche au fond de ton escarcelle

Dans les poussières de souvenirs
Un peu d'espoir à venir
Tu trouveras des rayons de soleil
Restes de bonheur en sommeil

Et le vent de l'espérance
Te redonneras confiance

Ferme la porte

Ferme la porte arrête le vent
Ecoute s'écouler le temps
Du sablier que l'on renverse
Des heures que l'on bouleverse
Sur le cadran de la vie
Pour conjurer notre ennui
Ne laissons pas le sable
Envahir notre pensée
Pour des fautes condamnables
Que tu peux t'excuser
Prend l'instant présent pour sourire
Demain peut être sera le pire

Je partirai écouter le vent
Aude-là de la porte où il n'y a plus de temps

Je voudrais partir

Je voudrais partir dans la couleur de tes yeux
Laisser ma barque dériver lentement
Voir les nuages du plaisir dans tes cieux
Lorsque le vent devient ton amant

Retrouver la douceur de tes paysages
Lorsque la nuit tu deviens sage
Respirer le parfum qui m'enivre
Oublier le temps juste vivre

Partir sur les chemins d'aventure
Où mes mains ne sont jamais sure
Courir revenir sans cesse
Apprendre par la caresse

Pour découvrir ton monde merveilleux
Je voudrais partir dans la couleur de tes yeux

Journée d'automne

La chaleur est étouffante
Les hirondelles rasent le sol
Le vent siffle et chante
Et fait plier les pins parasols

Le ciel peu à peu s'obscurci
Les gens se précipitent dans leur logis
Seul un pauvre chien reste immobile
Il regarde l'étouffement du ciel par une main habile

Le vent cesse
Soudain une lame d'or
Frappe un arbre mort
Une cloche sonne et annonce la messe

De lourdes gouttes d'eau sur le sol claquent
S'étalent en larges flaquent
Puis ce fut le déluge
Où tous les êtres cherchent refuge

La journée passe grise et monotone
Comme le sont les journées d'automne

D'après une aquarelle d'Elodie Buissine

La pièce était silencieuse, abandonnée

Un manteau de poussière, constellé de toiles
Recouvrait le mobilier, d'un léger voile,
Une lumière diffuse, d'un vasistas cassé
Donnait vie aux objets inanimés

Au mur, une photo jaunie, une image
D'une jeune beauté au regard très sage

Sur le sol, sur les dalles
Comme un message, des pétales
D'un bouquet de marguerites effeuillées
Indique que le temps conjugue le verbe aimé

Un léger vent, un petit courant d'air
Nous apporte son parfum de mystère

Dans ce monde je recueille le silence
Instant suspendu de mon existence

La pièce était silencieuse, abandonnée
Comme mon âme aujourd'hui délaissée

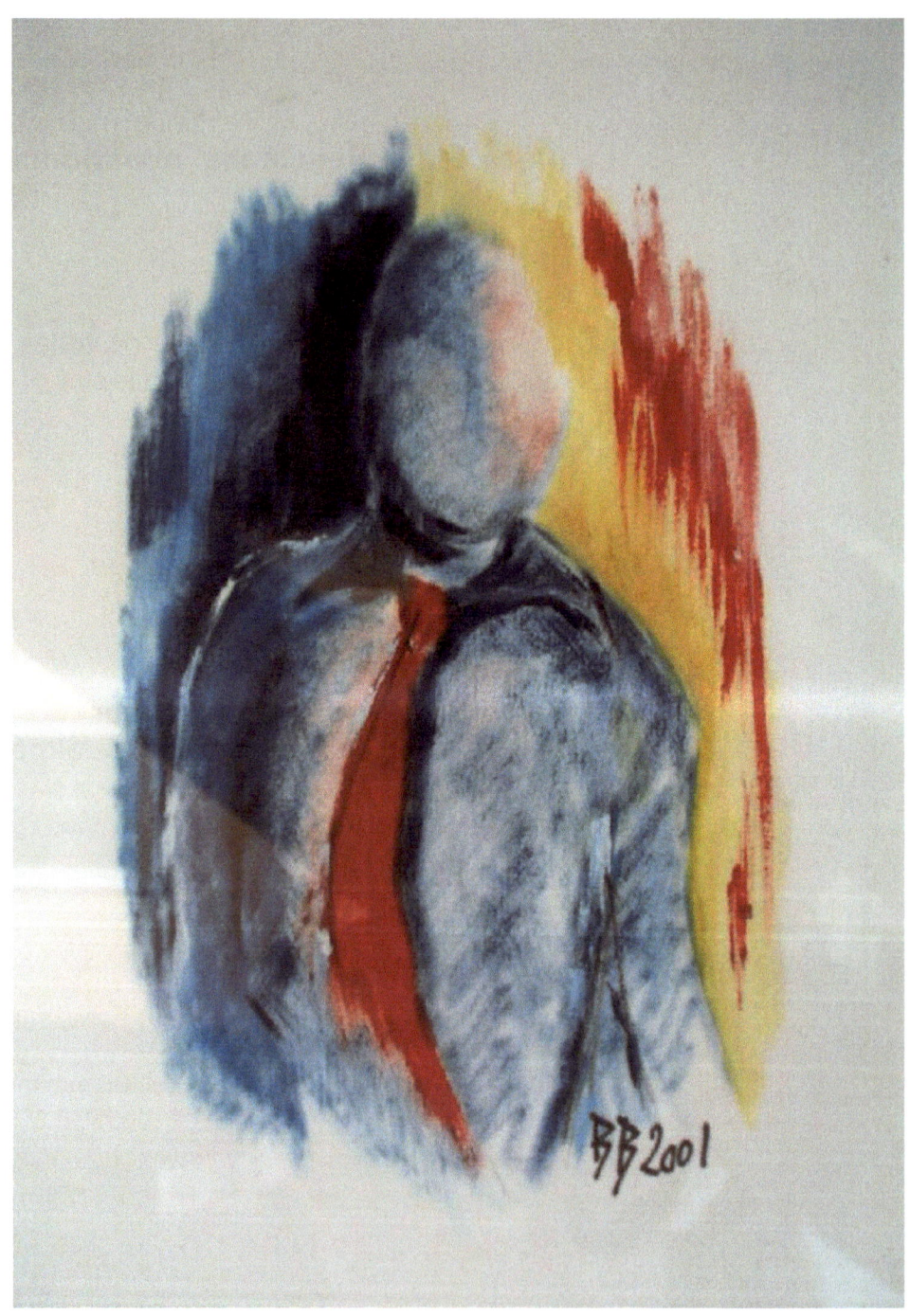

Le moribond

Assis sur le bord du chemin
Il regarde et ne comprends pas
Il appelle mais en vain
Le vent souffle, efface les traces de ses pas

Ne reste t' il plus rien de son passage
Des mots ou un simple message
Qui jalonnent le chemin de sa vie
Silence, qui étouffe le bruit de son cri

Comme un forcené il s'accroche à sa chaîne
Contemplant devant lui, le désert de vérité
Ce monde d'amour et de haine
Qu'il a du mal à quitter

Pour cette rive imaginaire
Baignée d'une douce lumière
Où l'horloge du temps s'arrête de compter
Le Cycle des saisons pour l'éternité

Assis sur le bord du chemin
Il regarde et ne comprends pas
Que la flamme de son destin
Va éclairer « son » au delà

Le vent est un amant

Il peut doucement te caresser
Juste un moment t'effleurer
Disparaître et revenir
Pour tirer de toi un soupir

Ébouriffer tes cheveux
Comme un soupirant heureux

Il peut te faire frissonner
Et tes yeux les faire pleurer
Contre lui tu te pelotonnes
A tes oreilles il ronronne

Des mélopées venues d'ailleurs
Dont on ne connait pas l'auteur

Il peut te faire sentir la morsure
T'entrainer sous la couverture
De ses baisers ou d'une simple bise
D'un souffle il te courtise

Le vent souffle sur la plaine

Le vent souffle sur la plaine
Les nuages dans le ciel se trainent
L'arbre semble donner la direction
D'un monde en perdition

Où rien ne pousse
Ni herbe ni mousse
Seul le souffle d'Eole
Règne sur ce monde sans protocole

Les montagnes au loin
Ont la couleur du deuil
Frontière qui marque le seuil
Où comme une prière la terre rejoint

L'antre des sorcières
Qui les soirs de sabbats
Devant un chaudron un cratère
Chantent à capella

Le vent souffle dans tes cheveux

Mèche rebelle au mouvement espiègle,
Sauvageonne au regard bleu,
Pas de loi, pas de règle.
Tu vis ta vie
A petits prix
Et pourtant tu l'aimes
Au souffle d'Éole, tu sèmes.
Les bases de ton existence
A qui tu ne lui accordes aucune circonstance
Aucune excuse
Le doute, même tu refuses.
De voir que lui il te regarde
Juste l'espace d'un moment,
Comme un tableau de peintre flamand
Aux sentiments qui se hasardent.
Dans les méandres de ton cœur,
Labyrinthe de mon initiation,
Éphémère exposition,
Fil d'Ariane de mon moi spectateur.

Quand le silence envahit la maison

Quand le silence envahit la maison
Je garde mes paupières closes
Pour mieux écouter la chanson
Des pièces et de toutes les choses
Les poutres s'étirent et grincent
Les volets claquent au vent
La porte du bas coince
Toujours contre son montant
La troisième marche de l'escalier
Couine sous le premier pas
Le robinet pleure dans son évier
Sur une vaisselle qui n'attend que ça
Le tic tac de l'horloge se fait discret
Comme si le temps, voulait s'arrêter
La vieille armoire de grand-mère
Fait gémir ses planches de vieux chêne vert
La poussière se dépose doucement
Dénoncée par le soleil filtrant
La maison se prépare à s'endormir
Doucement je peux partir

Que le vent de l'ennui

Que le vent de l'ennui
M'emporte dans ma solitude
Balayant à la fois mes certitudes
Qui font ce que je suis

Ce soir mon âme vagabonde
Dans des réflexions profondes
Sur le pourquoi de ma vie
Je ne sais plus où je suis

Ai je loupé un carrefour
Qui me disais stop ! c'est la, l'amour
Aurais je du tout remettre en cause
Un instant mettre en pause

Sur la carte de mon monde
Je sais, j'ai fait une tache ronde
Pour indiquer son existence
Comme si je devais prendre patience

Le sablier de mon temps
S'écoule inexorablement
Grain à grain pour me dire
Allez il vaut mieux en rire

Regarde le long de ton chemin
Les bornes de tes souvenirs
Jalons qui demain
Dans le soir tombant, te feront sourire

Reviens il est temps

Reviens !il est temps!
De voir le jour
Ou se lève le vent
De l'ouest vers l'est, Il souffle toujours
Comme une tempête
Il emporte les choses
Et personne n'ose,
Lui tenir tête
Reviens! Il est temps!
De voir mourir
Les fleurs du printemps
Et les nuées courir
Pour prévenir le Dieu Hiver
De se mettre en route pour le monde «Terre»
Reviens !il est temps!
Blotti près du Feu
D'écouter les "vieux"
Nous conter des histoires de "Serment
Reviens !il est temps!
D'écouter le vent,
Nous dire que dormir
C'est un peu mourir

Tous les matins

Tous les matins
Quand la nuit se repose
Je vais dans mon jardin
Et comme Ronsard je cueille une rose

Pour toi mon ange
Elle scintille sous la rosée
Que la lumière du matin fais briller
Quand le ciel se teinte d'orange

Délicatement je la prends
Elle est fragile il suffit d'un instant
Pour que son parfum délicat
S'évapore par ici ou par la

Je voudrais l'emprisonner
Lui dire c'est pour aimer
Que je viens quand le jour se lève
Te cueillir comme dans un rêve

Pour partir au delà de l'océan
Sur un esquif je te dépose
Se laissant emporter par le vent
Avec comme voile juste un pétale de rose

Photo de b brunstein

un nuage qui s'étire

Un nuage qui s'étire
Se transforme et devient plume
Avec le vent il commence à écrire
Dans le ciel que le jour allume

Quelques mots pour te dire
Tu vois je t'aime
Juste pour adoucir
Toi, moi pas de problème.

La vie fou le camp,
Rien n'arrête le temps.
Pourtant, tu vois j'aimerais
Juste arrêter

Le tic tac de la pendule
Que rien ne recule
Pour juste avec mes mots
Te dire et le crier haut

Tu vois je t'aime

une volute de fumée

Une volute de fumée
S'échappe de ma bouche
Dessine sans retouche
Ta silhouette aux lignes entremêlées

Dessin éphémère
Que le vent dissipe ca et la
Et efface dans l'atmosphère
Le souvenir de nos pas

Mélange de couleur
De parfum et d'odeur
Le bleuté qui s'évapore
Dans ma mémoire s'incorpore

Me pénètre pour demeurer
Souvenir de ma fleur
Que le temps ne pourra jamais
Retirer de mon cœur

Editeur : BoD-Books on Demand, 12/14 rond point des Champs Élysées, 75008 Paris, France
Impression : BoD-Books on Demand, Norderstedt, Allemagne
ISBN :9782322100750
Dépôt légal : décembre 2017